V&R

Annemarie Ritter / Werner H. Ritter

Für das erste Jahr mit Kind

52 Segensworte

Mit 32 Abbildungen

Vandenhoeck & Ruprecht

Werner H. Ritter ist Professor
für Evangelische Theologie an der Universität Bayreuth,
ab Herbst 2008 an der Universität Bamberg.

Annemarie Ritter ist Pfarrerin und Gehörlosenpfarrerin,
zur Zeit in Elternzeit.

Johannes Christopher wurde im Dezember 2001 geboren.
Er kam mit einer Körperbehinderung zur Welt.

Miriam Michaela ist im Juli 2006 geboren. Sie steht
im Mittelpunkt der Gedanken zum „ersten Jahr mit Kind".

Fotos von Regine Münzel, Neudrossenfeld, Robert Freiberger,
Bayreuth, und Walter Groß, Herzogenaurach, und den Autoren

Bibliografische Information der Deutschen Nationalbibliothek

Die Deutsche Nationalbibliothek verzeichnet diese Publikation in der
Deutschen Nationalbibliografie; detaillierte bibliografische Daten sind
im Internet über http://dnb.d-nb.de abrufbar.

ISBN 978-3-525-63389-2

Satz: Daniela Weiland, Göttingen
Druck und Bindung: Hubert & Co., Göttingen

Gedruckt auf alterungsbeständigem Papier.

Inhalt

Vorwort

Liebe Leserinnen und Leser,
liebe Mütter und Väter,

die nachfolgenden Gedanken zu biblischen Texten „für das
erste Jahr mit einem Kind" sind aus dem Lebensalltag mit unseren beiden Kindern heraus entstanden, also gleichsam erd-
und lebensnah den Höhen und Tiefen dieses ersten Jahres ab-
gelauscht.

Wir wollen Ihnen Bibelworte vorstellen, die uns im ersten
Jahr mit unserem zweiten Kind zu Segensworten geworden sind,
Worte, die für sich sprechen und ihre eigene Qualität haben.

Unsere Gedanken und Einfälle dazu sind sehr persönlich.
Es sind *unsere* Erfahrungen – anders hätten wir das Buch nicht
schreiben können.

Ihnen wünschen wir, dass der eine oder andere Bibeltext,
der eine oder andere unserer Gedanken in Ihrem Leben zu
sprechen, zu singen und zu klingen anfängt, so dass Sie *Ihre*
Erfahrungen mit Gott und dem Glauben machen können, die
Sie und Ihr Kind stärken mögen. In diesem Sinn: Gottes Segen
Ihnen und Ihrem Kind,

Annemarie und Werner H. Ritter

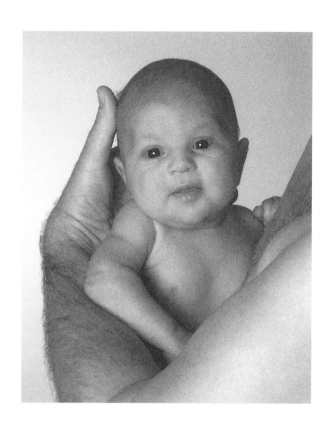

Wochen und Worte

1 Das Licht der Welt erblicken

Und Gott sprach: Es werde Licht! Und es ward Licht. Und Gott sah, dass das Licht gut war. Da schied Gott das Licht von der Finsternis und nannte das Licht Tag und die Finsternis Nacht. Da ward aus Abend und Morgen der erste Tag.

1 Mose 1,3-5

Du liegst neben mir, von der Hebamme in ein weiches Badetuch gewickelt. Nur Dein Gesichtchen schaut heraus. Du schläfst. Du träumst Deinem ersten Tag auf dieser Welt entgegen. Ich schaue Dich an, lange, still. Die Gefühle durchfluten mich wie Wellen – Freude, mit Herzklopfen gemischt, zärtliches Hingezogensein zu Dir, staunende Dankbarkeit.

Und dann blinzelst Du – ganz kurz, ganz vorsichtig. Du blinzelst in Deinen ersten Morgen auf dieser Welt. Ein erster Sonnenstrahl trifft Deine Augen. Kein Wunder, dass Du sie gleich wieder zumachst. Überwältigend muss es sein, das Tageslicht, wenn man es zum ersten Mal sieht. Ein Kind „erblickt das Licht der Welt", sagen wir. Ja, denke ich, das ist Geburt: Die Welt im Licht erblicken wie am ersten Morgen der Schöpfung. Noch keine Einzelheiten erkennen – keine Gestalten, keine Gesichter. Nur das Licht – das erste Schöpfungswerk.

Du kommst aus dem ungeschaffenen Licht und wirst einst dorthin zurückkehren. Jetzt bist Du hier – Teil der wunderbaren Schöpfung, „Schwester" von Blumen und Bäumen, Tieren und Menschen. Du hast begonnen zu leben im Rhythmus von Einatmen und Ausatmen. Langsam wirst Du Dich hineinleben in den Rhythmus von Licht und Dunkelheit, von Tag und Nacht. Sei willkommen, kleines Menschenkind! Es ist wunderbar, dass Du da bist!

AR

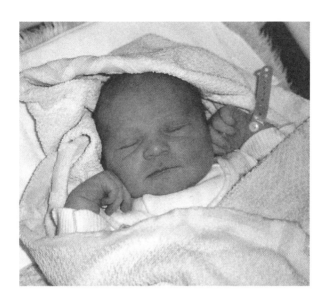

2 Neues annehmen

So spricht der HERR: *Siehe, ich will ein Neues schaffen, jetzt wächst es auf, erkennt ihr's denn nicht?*

Jesaja 43,19

Johannes kommt einige Stunden nach Miriams Geburt mit Papa ins Krankenhaus, um seine kleine Schwester anzuschauen. Sie gefällt ihm. Er hält sie im Arm und legt sich mit ihr in mein Bett. Als er genug hat, schlägt er vor: „Jetzt schieben wir die Miriam wieder in Mamas Bauch rein, und dann kommt die Mama heim."

Es dauert eine Weile, bis er versteht: Seine Schwester bleibt da. Sie gehört jetzt zu uns. Er ist jetzt großer Bruder und bleibt es. Bei aller Vorfreude auf die kleine Schwester – wirklich vorstellen konnte er sich die neue Wirklichkeit mit ihr nicht.

Und wir Erwachsenen? Hatten wir uns die Tragweite der Veränderung vorstellen können? – Ich erinnere mich an den Geburtsvorbereitungskurs. Wir hatten die Phasen der Geburt besprochen: Eröffnungswehen, Presswehen, die Geburt des Kopfes, Vierteldrehung, die Geburt des Körpers. „Und dann bist du Mama!", schließt die Hebamme ihre Schilderung. Unwillkürlich steigen mir Tränen in die Augen, so sehr berührt mich dieser kleine Satz. Ich schaue hoch und sehe, der Frau mir gegenüber geht es genauso. „Und dann bist du Mama!"

Ein neues Menschenkind ist geworden – eine Ahnung erst, vielleicht ein Wunschtraum, dann immer spürbarer, greifbarer, sichtbarer. Es ist mein, es ist unser Kind. Es macht mich zur Mutter. Es macht uns zu Eltern. Für immer. Es verändert uns und unser Leben, macht etwas Neues aus uns.

AR

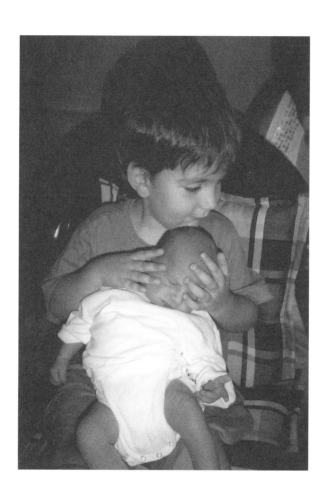

3 Freude spüren

Eine Frau, wenn sie gebiert, so hat sie Schmerzen, denn
ihre Stunde ist gekommen. Wenn sie aber das Kind geboren hat, denkt sie nicht mehr an die Angst um der Freude
willen, dass ein Mensch zur Welt gekommen ist.

Johannes 16,21

Du bist da! Ein Leben beginnt! Unbändige, jubelnde Freude!

Ich möchte die Welt umarmen. Möchte meine Freude „wie
Vögel an den Himmel" werfen. Mit weit ausgestreckten Armen
möchte ich sie DIR, Gott, entgegenhalten.

Ich hebe Dich hoch, kleines Wunder Menschenkind. Ich
sehe den Sommerhimmel über Dir. Dann nehme ich Dich wieder zärtlich in die Arme, drücke Dich an mich, lege Dich und
mit Dir den Himmel an mein Herz.

Heilige Zeit sind mir diese ersten Tage und Wochen mit
Dir!

AR

4 Festhalten und loslassen

Dennoch bleibe ich stets an dir; denn du hältst mich bei
meiner rechten Hand.

Psalm 73,23

Heute hat Dein Händchen nach meinem kleinen Finger ge-
griffen. Und dann hast Du meine Hand gehalten. Ganz
schnell ging das, reflexartig. Es scheint Dir gut zu tun, dass Du
Dich an mir festhalten kannst. So fängt unser Leben an, mit
dem Festhalten, mit Wärme, Zuversicht und Geborgenheit.
Wie schön das ist!

Immer werde ich Dich freilich nicht festhalten können.
Beide werden wir das Loslassen lernen müssen, schon früher,
als es jetzt mit Deinen paar Wochen den Anschein hat. Festhalten und Loslassen – beides gehört zusammen und beides wirst
Du, nein, werden wir lernen müssen. Denn alles hat seine Zeit,
das Festhalten und das Loslassen.

Es ist gut zu wissen, dass dann, wenn ich Dich nicht mehr
an der Hand halten kann, einer da ist, der Dich bei Deiner
rechten Hand hält: „Dennoch bleibe ich stets an Dir; denn
Du hältst mich bei meiner rechten Hand, Du leitest mich nach
Deinem Rat und nimmst mich am Ende mit Ehren an."

Das kann Dir Sicherheit und Halt geben. Vielleicht wirst
Du eines Tages Gottes Hand einmal loslassen, aus welchen
Gründen auch immer. Dann wünsche ich Dir, dass Du sie wie-
der finden darfst und Dich von ihr führen und leiten lässt.

WR

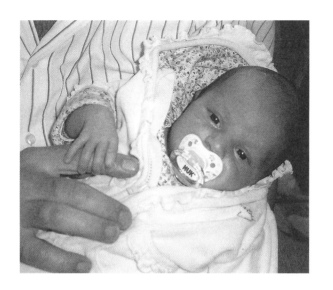

5 Danken können

Ich danke dem HERRN von ganzem Herzen und erzähle alle deine Wunder. Ich freue mich und bin fröhlich in dir und lobe deinen Namen, du Allerhöchster.

Psalm 9,2.3

Die Großeltern kommen Dich das erste Mal besuchen. Es klingelt an der Haustür. Dein großer Bruder zieht sich an der Türklinke hoch, macht die Tür auf, richtet sich kerzengerade auf, strahlt Oma und Opa an und sagt, noch ehe sie über die Schwelle gekommen sind: „Opa – und vielen Dank für mein kleines Schwesterchen!" – Der Opa sagt: „Na, ich kann da nichts dafür!" Aber Johannes lässt sich nicht beirren. Sein Dank will ausgesprochen werden, und der Opa scheint ein guter Adressat zu sein.

Einer Freundin von mir ging es ähnlich wie Johannes. Sie war ganz ohne Religion aufgewachsen. Als jedoch ihr erstes Kind geboren wurde – da suchte sie nach einer Adresse für ihren Dank. Sie fand die „Adresse", und sie wurde ihr wichtig – nicht nur für ihren Dank, auch für ihre Sehnsucht, für manche kritische Frage, für manches Gebet in traurigen und in glücklichen Stunden. Inzwischen sind ihre Kinder erwachsen, und sie ist seit Jahrzehnten engagierte Kindergottesdienstleiterin. So kann der Dank für ein kleines Menschenkind einen Menschen prägen und verändern.

AR

6 Mit Gottes Engeln spielen

Der HERR hat seinen Engeln befohlen, dass sie dich behüten auf allen deinen Wegen.

Psalm 91,11

Manchmal lächelst Du im Schlaf. Oder träumend, zwischen Wachen und Schlafen. „Engelslächeln" nennen manche dieses besondere Lächeln neugeborener Kinder. Du lächelst mit geschlossenen Augen. Dein Köpfchen ist leicht nach hinten geneigt. Dein Blick scheint hinter Deinen geschlossenen Augenlidern in die Ferne zu gehen.

„Jetzt spielt sie mit den Engeln", haben die Alten gesagt. Und wenn ich Dich anschaue, denke ich: Ja, so ist es.

Ich stelle mir vor, Du kannst noch hin- und herwechseln zwischen dieser Welt und jener anderen, geistigen Welt, aus der Du kommst und in die Du einst zurückkehren wirst. Ich stelle mir vor, Du siehst den Himmel noch offen. Du bist noch nicht ganz, noch nicht ausschließlich „von dieser Welt".

„Ja, sie sind noch im *Traumländli*, diese Kleinen", sagte mir eine weise alte Frau. Sie lachte dabei ein ganz „junges" Lachen. Wer weiß – vielleicht finden wir im hohen Alter das „Traumländli" unserer allerersten Zeit auf dieser Welt wieder?

AR

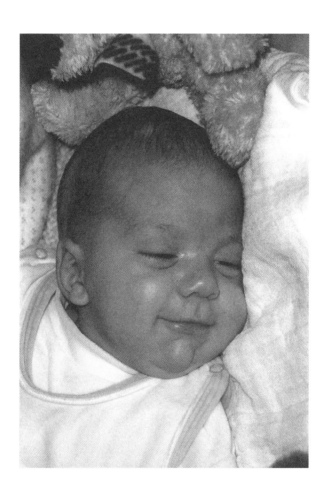

7 Füße

Er wird deinen Fuß nicht gleiten lassen, und der dich behütet, schläft nicht.

Psalm 121,3

Heute habe ich zum ersten Mal bewusst Deine kleinen
Füße betrachtet, nein, bestaunt! Klein, rosig, ein bisschen
runzlig, aber ganz zart. Und wie herrlich „unabgelaufen" sie
sind, wenn ich sie mit meinen Füßen vergleiche.

Welche Schritte Du damit wohl tun wirst in Deiner kleinen,
großen Welt? Ängstliche, mutige, zuversichtliche …?

Dabei berührt es mich tief und macht mich unendlich froh,
dass wir einen Gott haben, der unseren Fuß nicht gleiten lassen will, sondern sicher ausschreiten lässt, um Platz, Raum und
Freiheit zu gewinnen. Einen Gott also, der Dich Schritte ins
Leben tun lässt, zuversichtlich, getrost und behütet.

Ja, Du wirst auch Angst haben und angefochten sein, aber
dennoch beschützt und geborgen. Du wirst fallen – und aufge-
hoben werden. Wie gut. Und wenn wir Menschen auch manchmal den Eindruck haben, Gott sei gar nicht da, er schlafe –
Gott schläft nicht!

WR

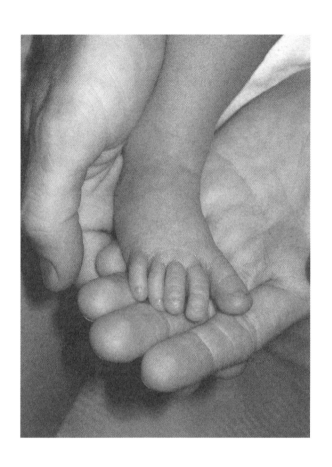

8 Aus Angst errettet

In der Angst rief ich den HERRN an; und der HERR erhörte
mich und tröstete mich.

Psalm 118,5

Angst haben wir um Dich gehabt – große Angst. Angst,
dass Du nicht hören kannst. Sechs Wochen lang hast Du
auf kein Geräusch reagiert. Kein Test beim Hals-Nasen-Oh-
ren-Arzt konnte eine Hörreaktion nachweisen. Wir waren bedrückt, voller Sorge, dass es um Dich ganz still bleiben würde.

Wir haben unsere Angst geteilt mit einigen Menschen, denen wir uns innerlich nah fühlen. Sie haben für Dich gebetet –
aus tiefstem Herzen und mit all ihrer geistigen Kraft gebetet.
Sie haben Dich – und uns – ganz nah an Gottes Herz gelegt.
Und Gottes heilende Kraft hat Dir die Ohren geöffnet! In Deiner siebten Lebenswoche konnten wir beobachten, dass Du
nun doch zu hören schienst. Anfangs bist Du oft erschrocken
und hast geweint, wenn Töne oder Geräusche an Dein Ohr
gedrungen sind. All das war so neu, so ungewohnt für Dich.
Vor allem Musik schien Dir so fremd zu sein, dass sie Dir Angst
machte.

Die Ärzte bestätigten unseren Eindruck und unsere Hoffnung: Du kannst jetzt hören! Du wirst hören lernen auf den
Klang Deines Namens, wirst unsere Worte, unsere Sprache verstehen und selbst sprechen lernen. Wunder und Geschenk ist
das für uns.

Wir wünschen Dir auch das andere Wunder und Geschenk:
Dass Deines Herzens Ohr geöffnet werde für die Stimme Deines himmlischen Vaters, Deiner himmlischen Begleiter.

AR

9 Sonnenstrahlen

Gott der HERR ist Sonne und Schild.

Psalm 84,12

Seit Tagen schon scheint eine freundliche, wunderbar warme Spätsommersonne auf Dich und uns. Du liegst im Kinderwagen im sonnendurchfluteten Garten. Weil Dir wenige Tage nach Deiner Geburt eine Gelbsucht heftig zu schaffen machte, haben die Ärzte uns geraten, Dich viel in die Sonne zu bringen. Sonne ist Wohlbefinden und Leben.

Welche Lust am Leben erwacht in uns, wenn die Sonne wieder scheint und alles in ein freundliches Licht taucht!

„Gott ist Sonne und Schild", heißt es im Alten Testament – eine Erfahrung von Menschen früher und heute. Wenn wir lange keine Sonne hatten, spüren wir ganz intensiv, wie wichtig, lebensspendend und -förderlich sie für uns ist.

Gewiss, da gibt es auch Tage, an denen es uns schwer fällt zu glauben, dass er „Sonne und Schild" ist. Zu Gott gehört wohl beides: Licht und Schatten, das Offenbare und das Helle wie das Dunkle, Traurige, nicht Verstehbare. Wie aber immer wieder nach langen und dunklen Nächten die Sonne über uns aufgeht und Leben bringt, so erweist sich auch Gott Menschen immer wieder als Sonne und Schild.

WR

10 Gottes Güte und Wahrheit

HERR, deine Güte reicht, so weit der Himmel ist, und deine
Wahrheit, so weit die Wolken gehen.

Psalm 36,6

Du wirst getauft. Als Taufspruch haben wir dieses Wort aus
den Psalmen des Alten Testaments gewählt, das von Gottes Güte und seiner Wahrheit erzählt.

An Deinem Tauftag spannte sich ein wunderschöner spätsommerlicher Himmel über uns aus, sanftes Blau und dazwischen viele weiße Wolken, soweit die Augen reichten. Traumhaft schön. Bilder dafür, womit Menschen früher und heute Gott in Verbindung brachten und bringen: Seine Güte ist wie der weite, grenzenlose Himmel über uns. Und seine Wahrheit reicht, soweit die Wolken gehen, ins Unendliche und Grenzenlose. Wer einmal den Himmel bewusst so angeschaut hat, der hat eine Vorstellung, besser: eine Ahnung von Gott, seiner Güte und seiner Wahrheit. Diese Weisheit soll über Deinem Leben stehen, mein Kind.

Zwei alte Worte, Güte und Wahrheit, werden hier mit Gott in Verbindung gebracht. Das erste – Güte – gebrauchen wir fast nicht mehr. Gelegentlich sagen wir noch: „Ach, du meine Güte!" Und das zweite – Wahrheit – steht in der Alltagssprache ganz oft für das, was passiert und „Fakt" ist.

Im biblischen und christlichen Wortschatz meinen beide Worte viel mehr: Wahrheit bedeutet das, was Menschen als wirklich verlässlich erfahren haben, was sie trägt und ihnen Boden unter die Füße gegeben hat und gibt. Und Güte – noch erkennbar im Wort „Gütesiegel" – steht für das, was Menschen als für sie wirklich gut erfahren haben. Es steht für die uns – trotz allem, was wir Menschen verbocken und vermasseln – entgegengestreckte Hand Gottes, die Menschen immer wieder erfahren haben (Psalm 31,8), die sie aber auch erbitten müssen (Psalm 17,7).

Weil uns, Deinen Eltern und Paten, dieses Wort und die damit verbundenen Erfahrungen wichtig geworden sind, haben wir diesen Taufspruch gewählt. Was auch immer geschieht, er soll Dir Gottes Güte und Wahrheit in Erinnerung rufen.

WR

11 Taufen

Taufet sie auf den Namen des Vaters und des Sohnes und des heiligen Geistes.

Matthäus 28,19

Warum wir Dich zur Taufe bringen? Gottes Kind bist Du ganz gewiss auch ohne diese Handlung. Aber die Taufe ist für uns vergewisserungsbedürftige Menschen ein sichtbares Zeichen, dass Du wirklich zu Gott gehörst.

Früher, in den Anfängen der Christenheit, sind mehrere Jahrhunderte lang Erwachsene durch die Taufe zu Christen geworden. Wenn jemand Christ werden wollte, musste er oder sie sich erst unterweisen lassen, etliche Jahre mit der christlichen Gemeinde leben und feiern.

Die evangelische und die katholische Kirche haben sich schon vor langer Zeit dafür entschieden, Säuglinge und Kinder zu taufen. Sie bringen damit einzigartig zum Ausdruck, dass die Zugehörigkeit zu Gott und Christus ein Geschenk an uns ist, das wir uns nicht verdienen, erarbeiten, erkämpfen können oder brauchen. Einfach so – für Dich und für mich und viele andere.

Gratis – ein Wort, das aus dem Lateinischen stammt und Gnade bedeutet. Und ist es nicht so – ich erinnere mich noch gut an Deine ersten Lebenswochen –, dass sich Säuglinge und Kleinkinder nahezu alles geben, machen, ja schenken lassen müssen, weil sie nahezu nichts von selbst „können"? Außer sich beschenken lassen.

Die Kinder- und Säuglingstaufe zeigt also: Gottes Reich ist nicht zuerst oder ausschließlich etwas für die Tüchtigen, Geschäftigen und Umtriebigen, sondern es steht den Kleinen und Unmündigen offen, die gleichsam mit leeren Händen vor Gott stehen. Wie da unser alltägliches Leistungs- und Lohndenken gnädig unterbrochen, ja ausgehebelt wird!

WR

12 Von Gott berufen

Der HERR hat mich berufen von Mutterleibe an; er hat meines Namens gedacht, als ich noch im Schoß der Mutter war.

Jesaja 49,1

Ich weiß, ich bin anders, als Ihr Euch Euer Kind vorgestellt habt. Aber Ihr seid genau die Eltern, die ich mir vorgestellt habe!

Ich werde nicht mit 10 Monaten krabbeln und nicht mit einem Jahr laufen können. Ich werde auch nicht mit drei Jahren „sauber" sein. „Behindert" werden mich die Leute nennen. Ich werde vieles nicht so gut können wie andere. Aber ich bin glücklich, vielleicht glücklicher als viele andere Menschen. Und ich will dieses Glück mit Euch teilen – mit euch und allen, die es brauchen.

Ich habe gehört, wie Euch ein Arzt gefragt hat, ob Ihr mich wirklich auf die Welt kommen lassen wollt. Dabei habe ich eine wichtige Botschaft, eine große Berufung. Ich darf, ich will Euch helfen, wirklich Mensch zu sein und zu werden. Ich möchte Gottes Freude ausbreiten. Ich will glücklich sein und glücklich machen. Für mich zählt nicht das „Können", sondern das „Sein". Mein Name Johannes stammt aus dem Hebräischen und heißt „Gott ist gnädig".

AR

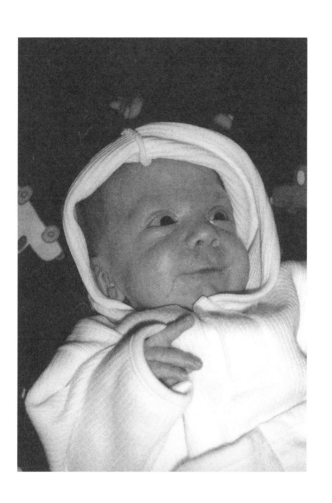

13 Strahlen vor Freude

Die auf ihn sehen, werden strahlen vor Freude.

Psalm 34,6

Heute hast Du mich mit Deinem kleinen, runden Gesicht und wachen Augen zum ersten Mal ganz freundlich angelächelt, ja angestrahlt! Das tat mir vielleicht gut! Mein Kind lächelt mich an und strahlt vor Freude, zum ersten Mal, unvergesslich!

Ja, es ist eine Wohltat und ein Geschenk, wenn uns einer freundlich anschaut und anstrahlt. Das tut gut, wärmt unsere Seele und stimmt uns zuversichtlich!

Die Bibel redet immer wieder von Gott, der Menschen freundlich begegnet und zugewandt ist; der selbst sein Angesicht leuchten lässt (4 Mose 6,24) und Menschen schmecken lässt, wie freundlich er ist. Und dann fangen sie selber zu strahlen und zu leuchten an. Ist das nicht verheißungsvoll?

WR

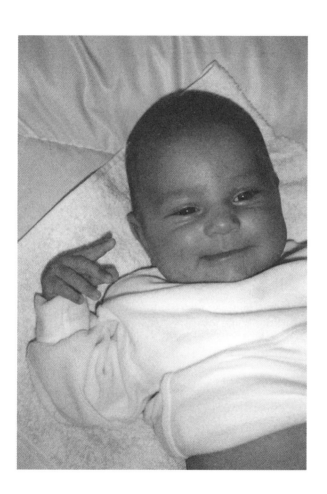

14 Haare

Nun aber sind auch eure Haare auf dem Haupt alle gezählt.

Matthäus 10,30

Mit feinen, flaumigen Härchen bist Du zur Welt gekommen. Heute, nach drei Monaten, sind es noch nicht viel
mehr. Man muss zweimal hinschauen, um zu sehen, dass Du
schon Haare hast. Dennoch: Wollte man sie zählen, hätte man
auch bei Dir viel zu tun.

In der Bibel steht einmal von Gott, dass er alle unsere Haare
auf unserem Kopf gezählt hat! Zugegeben: Diese Vorstellung
kann einen ganz schön nerven, belasten und aufregen – „der
überwacht sogar meinen Haarwuchs!"

Kann aber die Vorstellung nicht auch dabei helfen, zu glauben, dass Du – wir alle – ihm gleichsam „mit Haut und Haa-
ren" wichtig sind? Das zu glauben und zu wissen, tut gut.

Wenn wir Gott so wichtig sind, dass er sogar auf unsere
Haare achtet, dann muss das nicht einengend und im Sinne
von Kontrolle und Überwachung gemeint sein, sondern im
Sinne von Stärkung, Ich-Stärkung. So wichtig bist Du ihm.

WR

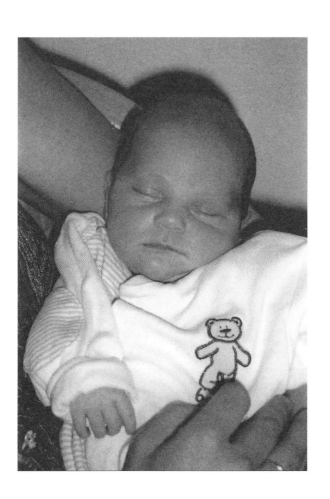

15 Orientierung

So spricht der HERR: Ich will dich unterweisen und dir den Weg zeigen, den du gehen sollst; ich will dich mit meinen Augen leiten.

Psalm 32,8

Die Welt muss groß sein, sehr groß. In Mamas Bauch war es schön warm und weich, aber ziemlich eng zum Schluss. Jetzt habe ich viel Platz. Ich habe ein Bettchen – Fell, Teddy, Kissen, Decke. Ich breite meine Arme aus, so weit ich kann, strecke meine Beine, mache mich gaaanz groß. Wenn ich mich anstrenge, berühren meine Fingerspitzen die Gitterstäbe meines Bettchens.

Dahinter ist das Kinderzimmer. Das ist viel größer als mein Bett. Aber das ist noch nicht die ganze Welt. Mama trägt mich durch die Tür. Da sind weitere Räume. Aber das ist auch noch nicht die ganze Welt. Mama legt mich in den Kinderwagen. Wir gehen spazieren. Manchmal sehe ich Blätter, Zweige, Äste über mir. Manchmal Wolken, Himmel – unendliche Weite.

Wo bin ich jetzt? Ist alles in Ordnung? Ich schaue nach Mama. Ja, sie ist noch da. Ich schaue auf ihr Gesicht, ihren Mund, ihre Augen. Ja, sie schaut freundlich und entspannt. Also ist alles gut. Wo Mama ist, ist die Welt für mich in Ordnung, auch wenn sie groß und verwirrend ist. Ihre Augen geben mir Orientierung und Sicherheit.

Manchmal sind auch Mama und Papa unsicher, wissen nicht weiter. Wie gut, dass da EINER ist, der den Überblick behält. EINER, der Weg und Ziel kennt. EINER, der uns „mit seinen Augen leiten" will.

AR

16 Aus dem Vollen leben

Du bereitest vor mir einen Tisch... Du salbest mein Haupt
mit Öl und schenkest mir voll ein.

Psalm 23,5

Eine Freundin hat mir erzählt von ihrer ersten Zeit mit ihrem Baby: „Ich stand auf dem Balkon und bügelte, neben
mir ein riesiger Korb voll Wäsche, die kaum weniger zu werden
schien. Tränen liefen mir über die Wangen. Soll das jetzt mein
Leben sein? Zwischen Waschmaschine und Bügelbrett, Herd
und Windeleimer – jeden Tag aufs Neue? Beruf ade, vielleicht
für Jahre? Dunkle Ringe unter den Augen, Flecken auf dem
T-Shirt, keine Zeit, zum Friseur zu gehen ...?"

Solche Momente kenne ich auch. Vielleicht sind sie die
unvermeidlichen Schattenseiten zu den Licht-Momenten, den
Augenblicken höchsten Glücks mit dem kleinen Menschenkind.

„Du bereitest vor mir einen Tisch im Angesicht meiner
Feinde, Du salbest mein Haupt mit Öl und schenkest mir voll
ein. Gutes und Barmherzigkeit werden mir folgen mein Leben lang ..." – Du, HERR, hast versprochen, mir „den Tisch zu
decken", wenn ich erschöpft bin und alles gegen mich zu sein
scheint. Mit dem Öl für königliche Häupter willst DU mich
salben, wenn ich mich wie Aschenputtel fühle. Aus dem Be-
cher der Freude darf ich trinken; DU selbst füllst ihn mir bis
zum Rand. Leben in Fülle willst DU mir schenken. Gutes im
Überfluss hältst DU für mich bereit. Ich darf aus dem Vollen
leben!

AR

17 Danke sagen

Danket dem HERRN; denn er ist freundlich und seine Güte
währet ewiglich.

Psalm 106,1

Danke sagen. Mich freut es und wärmt mein Herz, wenn
jemand, ob jung oder alt, mich freundlich anschaut und
danke zu mir sagt, weil er etwas von mir erhalten hat, was schön
ist, ihm gut tut oder hilft.

Oft vergessen wir das Dankesagen. Oft fällt es uns schwer.
Wozu denn danken? Steht einem nicht dies und das einfach
zu? Haben wir nicht auf vieles in unserem Leben – eigentlich
alles – ein Anrecht? Hätte ich auf Dich, Miriam, ein Anrecht?

Nein! Wer dankt, denkt! Er kann tief innen bemerken,
dass ihm etwas zuteil geworden ist, was nicht von ihm selbst
kommt, was er sich nicht selbst gegeben hat, vielleicht gar nicht
geben kann – geschenkt! „Aus Gnade", heißt es in der Bibel
oft. Dieses alte Wort Gnade besagt: Einer meint es gut mit
mir, ist mir zugewandt und gewogen. Und deswegen schenkt
er mir etwas. Aus Zuneigung, Sympathie, Liebe. Einfach so. Ja
dann – danke! Natürlich. Interessant, wie das biblische Wort
Dank – altgriechisch: „charis" – beides ganz selbstverständlich
umfasst: die (Gnaden-)Gabe *und* die sichtbare Freude darüber,
den Dank dafür.

Auf mein Leben geschaut merke ich, dass ich bei allem, was
ich bin, letztlich kein Selfmademan bin. Was habe ich nicht
alles mitbekommen, geschenkt bekommen!? „Was hast du, das
du nicht empfangen hast?", schreibt der Apostel Paulus (1 Korinther 4,7). Ja, so ist es und stimmt für Dich und mich. Wir
finden es wichtig, dass Du solche Einsichten und Erfahrungen
in unserer Familie kennenlernst. Und Du, kleines Menschenkind, wie wirst Du auf Dein Leben schauen?

WR

18 Gut gemeint

Meine Gedanken sind nicht eure Gedanken, und eure Wege sind nicht meine Wege, spricht der HERR, sondern so viel der Himmel höher ist als die Erde, so sind auch meine Wege höher als eure Wege und meine Gedanken als eure Gedanken.

Jesaja 55,8.9

Miriam hat geschlafen, wacht auf und beginnt zu weinen. Johannes krabbelt schnell zu ihr, stellt sich am Gitterbettchen auf und wirft einen ziemlich großen Traktor hinein, mit dem er gerade gespielt hat. Er landet knapp neben Miriams Kopf. Miriam schreit noch heftiger.

Ich stürze ins Zimmer, hole schon Luft, um zu schimpfen. Da sehe ich Johannes' Gesicht: Mitfühlend, zugewandt, still und aufmerksam schaut er sein Schwesterchen an. Er hat es gut gemeint, wollte sie trösten und ihr sein Lieblingsspielzeug geben. – Ich schimpfe nicht. Ich nehme Miriam auf den Arm, streichle sie und atme dankbar auf, dass Johannes' Traktor sie nicht getroffen hat.

Wie oft meine ich selbst es gut mit meinen Kindern, will nur das Beste für sie – und bewirke das Gegenteil? Wie oft liege ich daneben mit dem, was ich für sie wünsche, hoffe, plane, in die Wege leite?

Gott, ich will DIR vertrauen, dass DU es gut meinst und gut machst mit uns. Ich will mein Bestes tun für meine Kinder und zugleich vertrauensvoll beten: „Vater unser im Himmel, Dein Wille geschehe!"

AR

19 Riechen

Wir sind für Gott ein Wohlgeruch Christi.

2 Korinther 2,15

Schon vier Monate alt, riechst Du immer noch ganz neu und himmlisch gut. Ein besonderer, unvergleichlicher und kaum beschreibbarer Baby-Duft geht von Dir aus – so mild, so angenehm, dass meine Nase und ich gar nicht davon ablassen mögen, Dich zu schmecken und zu riechen.

In der Bibel heißt es einmal, dass wir dank Christus bei Gott wohl gerochen sind – so wie ich Dich als Baby liebend gerne rieche.

Ich finde das eine unendlich schöne Vorstellung. So gern riecht uns Gott – obwohl Du als Baby manchmal ganz gewaltig stinkst und wir Erwachsene ja auch immer wieder ganz schön stinkig sein können.

Wie freundlich uns Gott in diesem Bild entgegenkommt und wie positiv wir Menschen mit allen Sinnen wahrgenommen werden. Einfach wohl gerochen bei Gott. Darüber staune ich und bin dankbar.

WR

20 Trösten

So spricht der HERR: Ich will euch trösten, wie einen seine Mutter tröstet.

Jesaja 66,13

Du hast Schmerzen. Du weinst, schreist aus Leibeskräften. Dein Gesichtchen ist verzerrt, Deine Augen sind voller Angst, Deine Händchen verkrampft, alle Muskeln angespannt. Dein ganzer kleiner Körper ist Schmerz. Du tust mir so leid. Wie sollst Du verstehen, was mit Dir vorgeht? Wie kann ich Dir helfen?

Ich trage Dich im Tragetuch, ganz eng am Herzen. Ich versuche, aus meinem eigenen Körper alle Spannung wegfließen zu lassen. Ich versuche, in mir Ruhe, Sicherheit und Geborgenheit zu fühlen und sie zu Dir hin fließen zu lassen. Es ist anstrengend, wenn das über Stunden so geht oder halbe Nächte lang. Und doch – für Dich kann ich das: Die Große, Starke, Geborgenheit Gebende sein.

Und wenn ich selbst „klein" bin – verzweifelt, voller Angst und Schmerz? Wirst Du, GOTT, mich „trösten, wie einen seine Mutter tröstet"?

AR

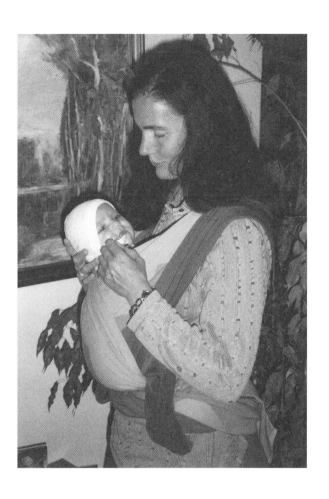

21 Still werden

Meine Seele ist still und ruhig geworden wie ein kleines Kind bei seiner Mutter; wie ein kleines Kind, so ist meine Seele in mir.

Psalm 131,2

Du hast an der Brust getrunken. Mit ruhigen, kräftigen Zügen hast Du Deinen Durst und Deinen Hunger gestillt. Du hast Dich angestrengt dabei; ich habe gespürt, wie Dein ganzer kleiner Körper „gearbeitet" hat.

Jetzt bist Du satt. Du bist eingeschlafen in meinem Arm. „Gestillt". „Still". Du bist der Inbegriff von Stille in diesem Moment.

Ich werde selbst ganz still, wenn ich Dich an meinem Herzen spüre, Dich betrachte, Dich sanft streichle. Du bist ein Bild, ein Sinnbild des Friedens und der Harmonie. Wer könnte stiller und friedvoller sein als ein kleines Kind bei seiner Mutter?

Wie schön, wenn meine Seele so ruhig werden darf in Dir, Gott. Wie schön, wenn sie sich dann und wann zurückziehen und sich der Flut der Eindrücke entziehen darf. Wie schön, wenn sie ihren Hunger, ihren Durst stillen darf aus Deiner Fülle, Gott.

AR

22 Erlöst

Seht auf und erhebt eure Häupter, weil sich eure Erlösung
naht.

Lukas 21,28

In der Woche auf den dritten Advent hin ist Deine Oma ge-
storben. Sie hat Dich, als Du zwei Monate alt warst, voller
Freude im Arm halten und kennenlernen dürfen. Da war ein
Leuchten in ihren Augen. Nun ist sie heimgegangen zu Gott;
sie starb alt und lebenssatt.

Wir glauben, dass sie jetzt „erhobenen Hauptes" in der
himmlischen Welt lebt, nicht mehr vom Alter gebeugt, von
nichts mehr bedrückt und beschwert, erlöst und frei, von Licht
und Liebe umfangen.

So liegen für uns die Freude über Dein beginnendes Leben
und die Trauer über das zu Ende gegangene Leben unserer
Mutter und Oma nahe beieinander. Du, kleines Menschenkind, gehst in den ersten Advent Deines jungen Lebens; Deine
Oma starb in den ewigen Advent Gottes hinein.

Wenn wir geboren werden, gehen wir aus der einen Hand
Gottes in die andere, und wenn wir sterben, in seine andere
zurück – hier wie dort als Erlöste des Herrn.

WR

23 Geschenk Gottes

Siehe, Kinder sind eine Gabe des HERRN.

Psalm 127,3

Kinder sind manchmal eine sehr anstrengende Gabe. Ihr beiden auch. Was könnt Ihr uns nerven und auf Trapp halten! Und: Wieso eigentlich eine Gabe des HERRN? Sind nicht viele Kinder eher durch Zufall entstanden, manche durch eine Art „Betriebsunfall"? Was heißt da „Gabe des HERRN"?

Doch am Anfang dieses Psalmverses steht ein merk-würdiges „Siehe!" Die Bibel verwendet es oft, wenn unser sprichwörtlich erster Blick zu kurz greift, sie uns also auf etwas aufmerksam machen will: Schau doch noch einmal genau hin!

Auf den zweiten Blick können wir erkennen: Kinder sind eine Gabe des Herrn! Wenn ich Euch zwei spielend, vergnügt, jubelnd, lachend sehe, wenn Ihr Euch an mich drückt, vertrauensvoll, erwartungsvoll, zärtlich und schmusebedürftig und hilfsbedürftig dazu – welch ein Geschenk seid Ihr für uns! Umso kostbarer, je mehr ich Euch bewusst wahrnehme, mich auf Euch einlasse.

Als ich jung war, fehlte mir dieser zweite Blick („Siehe!") oft. Heute, da ich älter bin, wird er mir immer deutlicher eröffnet, Gott sei Dank. Es ist ein großes, unverdientes Glück, Euch beide Kinder zu haben.

Ohne Dich, Miriam, ohne Dich, Johannes, könnte ich mir mein Leben gar nicht mehr vorstellen. Ihr seid eine Gabe des Herrn.

WR

24 Gott und Mensch

Denn Gott ist mehr als ein Mensch.

Hiob 33,12

Wenn ich mich über Dein Bettchen beuge, dann spreche ich oft mit Dir, summe Dir eine Melodie vor oder singe ein Kinderlied für Dich. Das versteht doch das kleine Baby noch gar nicht, sagen manche. Da bin ich mir nicht so sicher.

Denn sehr häufig „antwortest" Du auf Deine Weise: Freundliche, zarte, glucksende, gurrende Laute kommen aus Deiner Kehle. Ich merke es: Du fühlst Dich angesprochen und versuchst, auch mir etwas zu sagen – Ich und Du entstehen.

Christen glauben, dass es neben dem menschlichen kleinen Du als Gegenüber für Dich ein großes Du gibt: Es ist zu Dir wie Vater und Mutter und doch unendlich viel größer, mehr und anders als wir Menschen für Dich jemals sein können. Gott ist mehr als ein Mensch.

Und doch meinen Christen, dass Dir an dem, was wir als Eltern, Paten, Familie, Freunde für Dich sind und sein wollen, eine Vorstellung davon entstehen kann, wie Gott ist, was er für uns Menschen, für Dich und mich, tut und empfindet.

Bei aller Beschränktheit unserer menschlichen Sprache und Vorstellungskraft: Wie könnten wir „besser" von Gott reden als im Vergleich mit dem Menschlichen?

WR

25 Nicht vergessen sein

Kann denn eine Frau ihr Kindlein vergessen, eine Mutter ihren leiblichen Sohn? Und selbst wenn sie ihn vergessen würde: Ich, der HERR, vergesse dich nicht. Sieh her: Ich habe dich eingezeichnet in meine Hände.

Jesaja 49,15.16
Einheitsübersetzung

Nie, nie, nie könnte ich Dich verlassen, denke ich. Du bist so ganz aus mir geworden und so ganz auf mich angewiesen. Du selbst kannst noch gar nicht unterscheiden zwischen mir und Dir. Für Dich sind wir beide noch eine Person. Tief in mir spüre auch ich dieses Einssein.

Und doch weiß ich, es gibt auch das andere: Mütter (und Väter), die ihr Baby weggeben oder weggeben müssen. Mütter (und Väter) gar, die ihrem Baby Gewalt antun. Kinder, die ohne Mutter und ohne Vater aufwachsen, aus verschiedenen Gründen.

Ich erinnere mich an eine gehörlose alte Frau, die als junges Mädchen schwanger geworden war. Ihr Vater hatte sie zur Abtreibung gezwungen, die Nazis später zur Sterilisation. Bis ins hohe Alter litt die Frau darunter. Oft stellte sie sich vor, wie alt ihr Kind jetzt wäre, ob sie wohl Enkel, vielleicht Urenkel hätte ...

Ich denke an eine junge Mutter, die an Krebs starb und ihre drei kleinen Kinder zurücklassen musste.

Die Geschichte eines Mannes, inzwischen Vater zweier großer Kinder, fällt mir ein, der als neugeborenes Baby von seiner Mutter verlassen worden war.

Ich will die dunklen Seiten unserer Welt nicht verdrängen. Fremd und unverständlich kann da Gott erscheinen. Und dennoch will ich Dich, mein Kind, Vertrauen lehren – Vertrauen in Ihn, der auch Dich in Seine Hände eingezeichnet hat.

AR

26 Segnen

So spricht der HERR: Ich will dich segnen, und du sollst ein Segen sein.

1 Mose 12,2

Abends sitze ich an Deinem Bettchen, spreche mit Dir, ich streichle Dein Köpfchen, wir lächeln uns an. Ich singe ein Gute-Nacht-Lied für Dich: „Weißt du, wie viel Sternlein stehen ...". Das Lied ist mir vertraut, seit ich selbst ein kleines Mädchen war. Meine Mutter hat es abends an meinem Bettchen für mich gesungen.

„Gott kennt auch dich und hat dich lieb", heißt es in der dritten Strophe. Die Worte haben sich mir tief im Herzen eingeprägt. Ich möchte sie auch Dir, mein Kind, ins Herz singen.

Dann segne ich Dich. Ich lege Dir die Hand aufs Köpfchen, spüre Dich, schaue Dich an und spreche Dir zu: „Gott segne und behüte dich!" In diesen kurzen, einfachen Worten stecken all meine guten Wünsche für Dich drin. Gott möge Dir all das schenken, was in seinen Augen gut ist für Dich. Ganz „menschlich" füge ich noch hinzu: „Schlaf gut, mein Schatz! Ich liebe dich!"

Ich glaube, Du spürst es: Gott selbst will Dich segnen. Und Du darfst seinen Segen durch Dich strömen lassen für andere Menschen und für unsere Erde: Du sollst, Du darfst ein Segen sein!

AR

Weißt du, wie viel Sternlein stehen

Weißt du, wie viel Mücklein spielen
in der heißen Sonnenglut,
wie viel Fischlein auch sich kühlen
in der hellen Wasserflut?
Gott der Herr rief sie mit Namen,
dass sie all ins Leben kamen,
dass sie nun so fröhlich sind,
dass sie nun so fröhlich sind.

Weißt du, wie viel Kinder frühe
stehn aus ihrem Bettlein auf,
dass sie ohne Sorg und Mühe
fröhlich sind im Tageslauf?
Gott im Himmel hat an allen
seine Lust, sein Wohlgefallen;
kennt auch dich und hat dich lieb,
kennt auch dich und hat dich lieb.

EG 511,1-3

27 Wunderbar gemacht

Kommt her und sehet an die Werke Gottes, der so wunderbar ist in seinem Tun an den Menschenkindern.

Psalm 66,5

Miriam ist unleidlich. Die Zähne schieben und tun ihr weh, aber es dauert, bis der erste durchbricht. Papa streicht ihr über das Köpfchen und meint mitfühlend: „Zähnchenkriegen tut sehr weh!" Johannes hat es gehört und der Gedanke scheint seine Phantasie zu beflügeln. Er überlegt eine Weile und fragt dann: „Papa, mit was muss man die Zähnchen an die Miriam hinmachen?"

Dass die Zähnchen von allein wachsen, wenn es so weit ist, beeindruckt Johannes. Und er ist sehr stolz, dass er bereits zwanzig Zähne hat, während bei Miriam gerade der erste kommt. Was für ein Wunder, was für ein Geschenk ist es doch, wie so ein kleiner Mensch Tag für Tag und Schritt für Schritt wächst und sich entwickelt!

AR

28 Essen

Aller Augen warten auf dich, und du gibst ihnen ihre Speise zur rechten Zeit.

Psalm 145,15

Schon Dein Bruder Johannes war – und ist – ein großer Esser. Sein erstes Wort, das er sprach, hieß denn auch „Attetit" (für „Appetit"), wobei er mit weit ausgestrecktem Händchen auf den Kühlschrank zeigte …

Du stehst ihm da in nichts nach. In vielen Nächten hast Du drei, vier, ja fünf Mal Brust-Speise von Deiner Mutter zu Dir genommen, also nicht bloß zur rechten, sondern zu Deiner Zeit.

Seit Kurzem fängst Du mit Deinem Mund laut zu schmatzen an, wenn wir den Tisch decken und uns zum Essen hinsetzen. Du willst dabei sein: Dass die mich ja nicht vergessen, beim Essen, denkst Du Dir. Und dann genießt Du Essen und Trinken sichtbar mit allen Sinnen. Und wie Du strahlst, wenn Du satt bist! Das freut uns und macht uns dankbar.

Später, wenn Du etwas größer bist, wünschen wir Dir, dass Du erkennst, wie letztlich ein Anderer Dir und uns Speise gibt und Speise ist.

Diese Erfahrung haben Menschen lange vor uns in die weisen Worte gefasst: „Aller Augen warten auf dich, Herr, und du gibst ihnen ihre Speise zur rechten Zeit. Du tust deine Hand auf und sättigst alles, was da lebt, nach deinem Wohlgefallen." (Psalm 145,15.16).

WR

29 Erbarmen

Wie sich ein Vater über Kinder erbarmt, so erbarmt sich
der HERR über die, die ihn fürchten.

Psalm 103,13

Du bist hingefallen und hast Dir am Kopf wehgetan. Jetzt
weinst Du heftig und laut; Deine kleinen Hände strecken
sich mir entgegen; Du willst hochgenommen, geknuddelt und
getröstet werden. Ich nehme Dich hoch und berge Dich warm
an meinem Oberkörper. Eine Zeit lang schluchzst Du noch
ziemlich heftig, was Deinen ganzen kleinen Körper sichtlich
mitnimmt und erschüttert. Dann wird es allmählich besser, nur
noch ab und zu ein kleiner Schluchzer. Und noch ein letzter.
Dann sind Schmerz und Tränen vorüber. Es geht Dir wieder
gut. Alles ist gut!

Noch oft werden wir uns als Vater und Mutter so Deiner
annehmen, uns – mit einem alten Wort gesprochen – „erbarmen", wenn Du traurig, allein, unglücklich bist oder Dir wehgetan hast. Wir nehmen Dich auf und drücken Dich an unser
Herz.

Und wir wünschen Dir für die Zeiten, in denen wir uns
als Deine Eltern nicht mehr Deiner erbarmen können, Erfahrungen mit einem barmherzigen Gott und barmherzigen
Menschen.

WR

30 Gottes Ebenbild

Und Gott schuf den Menschen zu seinem Bilde, zum Bilde
Gottes schuf er ihn.

1 Mose 1,27

Manche aus unserem Bekanntenkreis sagen, Du würdest
dem Bild Deiner Mutter gleichen; andere meinen, Du
kämst mehr nach mir. Schwer zu sagen, was ich Dir mehr wünschen soll …

Aber eines ist, wenn ich dieses Bibelwort lese, schon ganz
sicher, und darauf kannst Du Dich verlassen: Gott hat Dich
nach SEINEM Bild geschaffen! Du bist, was sonst auch immer
von Dir zu sagen ist, SEIN Ebenbild!

Wie hoch da von Dir gedacht wird, wie wertvoll Du durch
diese Aussage wirst! Ebenbild, Abglanz Gottes. Eigentlich kaum
zu glauben, wenn ich Dich so anschaue: So klein, noch nicht
viel dran an Dir; kannst nichts – Du sollst Gottes Ebenbild
sein? Du bist es! Das können wir uns nur sagen lassen.

Wenn ich auf Dich und mich schaue, verstehe ich es, wenn
Menschen heute und früher staunend fragen: „Was ist der
Mensch, dass du seiner gedenkst, und des Menschen Kind, dass
du dich seiner annimmst?" (Psalm 8,5). – Ebenbild Gottes!

WR

31 Regenbogen

Gott spricht: Meinen Bogen habe ich in die Wolken gesetzt; der soll das Zeichen sein des Bundes zwischen mir
und der Erde.

1 Mose 9,13

B unt soll Dein Leben sein. In allen Farben soll es erstrahlen,
wie ein leuchtender Regenbogen. Da ist das Rot der glü-
henden Leidenschaft, der Liebe und des feurigen Gottesgeis-
tes. Das Orange quirliger Lebensfreude gehört dazu und das
lichte Gelb sonnendurchfluteter Sommertage. Das Grün des
anbrechenden Frühlings, der Hoffnung und der Lebenskraft ist
dabei und das Blau des Himmels und des Meeres, der Weite,
der Sehnsucht. Das dunkle Indigo hat seinen Raum; es mag
für die Schatten des Lebens stehen und für die Nächte. Schließ-
lich das Violett der Ruhe, des Schweigens und der Erwartung.

Der Regenbogen schließt alle Farben ein. Sie sind in ihrer
Unterschiedlichkeit alle Teil des Lichts; strahlen auf, wenn sich
das Licht der Sonne in den Regentropfen bricht. Den Regenbogen hat Gott zum Zeichen gesetzt, erzählt die Bibel – zum
Zeichen, dass ER, Gott, den Menschen und allem Lebendigen
die Treue hält, komme, was mag.

Ich wünsche Dir, mein Kind, dass die Treue unseres Gottes
wie im Regenbogen aufstrahle in all den Farben und Schattie-
rungen Deines Lebens!

AR

32 Gottes Reich empfangen

Sie brachten Kinder zu Jesus, damit er sie anrühre. Die Jünger aber fuhren sie an. Als es aber Jesus sah, wurde er unwillig und sprach zu ihnen: Lasst die Kinder zu mir kommen und wehret ihnen nicht; denn solchen gehört das Reich Gottes. Wahrlich, ich sage euch: Wer das Reich Gottes nicht empfängt wie ein Kind, der wird nicht hineinkommen. Und er herzte sie und legte die Hände auf sie und segnete sie.

Markus 10,13-16

Ihr habt die heilige Atmosphäre gestört, fanden die Jünger Jesu. Oder zumindest ihre heilige Ruhe. Habt wohl zu laut gespielt und gelacht, vielleicht bei der Predigt dazwischengequasselt, vielleicht herumgequengelt oder jemanden angerempelt. Ein kleines Baby mag dauernd geschrien, ein anderes fröhlich vor sich hingegluckst haben. Oder hatte einer von Euch so einen richtigen Trotzanfall, mit Schreien-und-auf-den-Boden-Werfen oder Um-sich-Schlagen-und-Treten?

Jedenfalls sahen sich die Apostel genötigt einzugreifen. „Merkt ihr nicht, dass ihr hier stört? Geht gefälligst woanders hin; Kinder haben hier nichts verloren!" So oder so ähnlich haben sie Euch und Eure Mütter angefahren. Aber da lagen sie bei Jesus gründlich schief. „Lasst die Kinder zu mir kommen und wehret ihnen nicht; denn solchen gehört das Reich Gottes."

Jesus spricht Euch das Reich Gottes zu! Ohne Wenn und Aber. Ohne Vorbedingungen. Wie kommt er dazu? Was habt Ihr den Erwachsenen voraus?

Ihr lasst Euch beschenken! Ihr müsst Euch noch alles schenken lassen, und Ihr könnt und wollt Euch noch alles schenken lassen. Das ist das eine.

Und Ihr gebt Euch völlig selbstverständlich und vertrauensvoll gerade diesem Augenblick des Lebens hin. Ihr beurteilt nicht, was Euch begegnet. Ihr verurteilt nicht, was Euch widerfährt. Ihr bewertet nicht und vergleicht nicht. Das ist das Zweite. Ihr seht einfach das an, was ist. Für Euch sind alle Dinge vollkommen.

Und mit dieser inneren Haltung nehmt Ihr den Zauber der Welt wahr – das ihr im Verborgenen schon innewohnende Reich Gottes.

AR

33 Jauchzen vor Glück

Aus dem Munde der Unmündigen und Säuglinge hast du dir
Lob bereitet.

Matthäus 21,16

Du wippst auf dem Bauch, die Beine angehoben, die Ärmchen weit ausgebreitet, als wolltest Du fliegen. Du jauchzst
und quietschst vor Vergnügen. Die Bewegung, die Du ganz
allein, aus Dir selbst heraus schaffst, scheint für Dich der Inbegriff von Glück zu sein.

Du lässt Arme, Beine und Köpfchen sinken, verschnaufst
ein wenig. Dann beginnst Du von Neuem zu wippen. Das
Leben ist so schön! Sich-Bewegen-Können ist toll! In Deinen
Freudenjuchzern erzählst Du das allen.

Sind sie nicht ein wunderschönes Gotteslob?

AR

34 Im Jetzt leben

Siehe, jetzt ist die Zeit der Gnade, siehe, jetzt ist der Tag des Heils!

2 Korinther 6,2

Ich stehe mit Dir am Fenster, halte Dich im Arm, Wange an Wange geschmiegt. Wir schauen den Himmel an, die Wolken, die Sonne, die Bäume ...

Das Schauen wird zum Gebet: „Danke, lieber Gott, dass wir unter DEINEM Himmel leben dürfen. Danke, dass wir diesen Tag miteinander erleben dürfen. Hilf uns, die Zeit gut zu gestalten, die DU uns anvertraust."

Einfach und kurz ist unser Beten. Und doch verändert dieser kleine Moment am Morgen (oder auch irgendwann zwischendurch) meinen Tag. Manchmal vergesse ich das kleine Ritual im Trubel des Alltags. Dann kann es geschehen, dass unser vierjähriger Sohn es einfordert: „Mama, schauen wir mal, was für ein schöner Tag heute ist?"

Das kleine Ritual birgt für mich eine große Erkenntnis: Gottes Zeit mit mir ist JETZT. An Dir, mein Kind, wird mir unausweichlich deutlich: Wenn ich den Tag HEUTE nicht wahrnehme und lebe, dann ist er unwiederbringlich vorbei. Du wirst nie mehr so klein sein wie heute. Schon morgen bist Du wieder ein Stückchen weiter in Deiner Entwicklung.

So will ich Dich HEUTE wahrnehmen, so, wie Du heute bist, und mit dem, was Du heute kannst. HEUTE will ich Dir die Zeit, die Du von mir brauchst, mit Freude widmen. Ich will sie nicht sehen als Zeit, die Du mir „nimmst", sondern als Zeit, die Du mir „schenkst". Möge unser Tag heute gesegnet sein!

AR

35 Lachen

Und Sara sprach: Gott hat mir ein Lachen zugerichtet.

1 Mose 21,6

Wenn ich nach Hause komme, höre ich Dich manchmal schon von Weitem lachen – das gluckst und gluckert so herrlich aus Dir und steckt uns alle an! Und Du lachst gern. Es gibt ganz viele Anlässe im Leben, große und kleine, zum Lachen, wie wir bei Dir merken: Wenn Du mit Deinem Bruder um die Wette krabbelst, wenn ich mit Dir Hoppe-hoppe-Reiter spiele, wenn Deine Mutter Dich kitzelt, wenn Deine Badewannen-Ente quietscht ... Und weil Du noch so klein bist, lacht gleichsam Dein ganzer Körper mit, wohltuend, manchmal umwerfend komisch.

Wie gut, wenn in einem Haus, in einer Familie viel gelacht werden kann. Das bildet sich tief in unsere Seele ein, formt und prägt uns unser Leben lang. Wer lacht, lebt und kann widrigen Umständen standhalten.

Sara, Abrahams Frau, fällt mir ein. Als Gott ihr – sie muss da schon steinalt gewesen sein – kundtut, dass sie schwanger werden wird, findet sie das zu komisch, zu absurd, und sie lacht, was das Zeug hält. Und – siehe da! – es erfolgt kein göttlicher Tadel!

Lachen ist eine Gabe Gottes, von der in der Bibel immer wieder die Rede ist. Lachen und Gott, das passt zusammen, das sind nicht zwei Paar Stiefel. Ein Gott, der Menschen das Lachen gönnt! Ist das nicht ein Grund zur Freude, ein Grund zum Lachen?

WR

36 Spielen

Ich (die Weisheit) war als des HERRN Liebling bei ihm; ich war seine Lust täglich und spielte vor ihm allezeit; ich spielte auf seinem Erdkreis und hatte meine Lust an den Menschenkindern.

Sprüche 8,30.31

Du spielst. Du gibst Dich Deinem Spiel hin mit ungeteilter Aufmerksamkeit, mit großem Ernst und zugleich voller Lust und Freude. Du spielst mit Deinen Händen, Deinen Fingern; mit Deinen Füßen, Deinen Zehen: Sie lassen sich bewegen, von Dir gesteuert. Du spielst mit einem alten Katalog: In winzige und noch winzigere Stücke zerreißt Du die Seiten. Du spielst mit einem Kuchenkrümel: Achtsam hebst Du ihn mit Daumen und Zeigefinger auf, legst ihn wieder hin, hebst ihn erneut auf, steckst ihn in den Mund. Du spielst mit leeren Nudeltüten, mit Kastanien, Gänseblümchen, Schnürsenkeln ...

Alles kannst Du brauchen. Alles macht Dir Freude. In Deinem Spiel sind alle Dinge schön, wichtig und einfach vollkommen.

Spielen ist weise, meint die Bibel. Spielen ist eine, ist *die* Tätigkeit der göttlichen Weisheit. Und Gott hat seine Lust an der Weisheit und an ihrem Spiel, heißt es. Spielen ist die Weisheit der Kinder.

AR

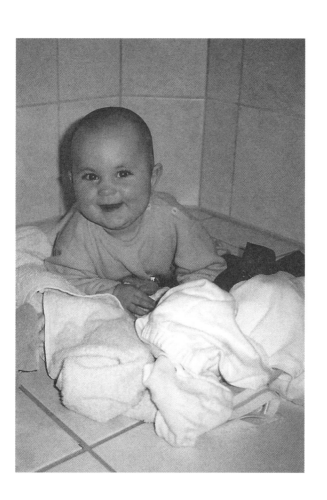

37 Im Licht leben

Lebt als Kinder des Lichts; die Frucht des Lichts ist lauter Güte und Gerechtigkeit und Wahrheit.

Epheser 5,8.9

Das Licht zieht mich an. Ich wende mein Gesicht dem Licht zu. Ich strecke mich nach dem Licht aus. Ich versuche, mich dahin zu bewegen, wo das Licht herkommt: zum Fenster, zur Balkontür. Juhu – heute klappt es: Ich schiebe mich auf dem Bauch Richtung Balkontür. Mühsam ist das. Aber es gelingt. Zentimeter für Zentimeter komme ich dem Licht näher. Jetzt kann ich mit den Fingerspitzen den Türrahmen erreichen. Ich schiebe mich noch ein kleines Stück weiter. Dann stütze ich die Hände auf den Boden und stemme mich hoch. Geschafft!

Ja – jetzt kann ich nach draußen schauen! Da sind blaue Gitterstäbe vom Balkongeländer. Dazwischen leuchtet es grün und gelb – die Löwenzahnwiese vom Bauern gegenüber. Darüber das strahlende Blau des Himmels und das Licht, die Sonne. Ich schaue hin und dann ganz schnell wieder weg, mache die Augen zu. Sie blendet mich, die Sonne. Aber auch mit geschlossenen Augen sehe ich das Licht noch. Ob es jetzt in mir drin ist?

Mama sagt: Das wünsche ich Dir, mein Kind: dass es Dich zum Licht hinzieht – zum Licht der Welt; zum Licht, das Jesus Christus heißt. Wenn dieses Licht in Dir wohnt, dann werden Güte und Gerechtigkeit und Wahrheit in Dir Raum gewinnen. Es wird hell sein in Dir und um Dich. Das wünsche ich Dir!

AR

38 Beim Namen gerufen

So spricht der HERR: Fürchte dich nicht, denn ich habe
dich erlöst; ich habe dich bei deinem Namen gerufen; du
bist mein!

Jesaja 43,1

Ostergottesdienst. Wir sitzen ganz hinten in der Kirche, Du
auf meinem Schoß – nah bei der Tür, falls Du unruhig
wirst. Mit großen Augen schaust Du Dich um. Unser Pfarrer
liest das Evangelium (Johannes 20,11-18): Maria aus Magdala
steht am Grab Jesu und weint ... Jesus tritt zu ihr, aber sie erkennt ihn nicht; denkt, es sei der Gärtner ... Da ruft Jesus sie
bei ihrem Namen: MIRIAM! (Der Name „Maria" lautet in der
Muttersprache Jesu „Miriam".)

„Ahhhh!", rufst Du laut und deutlich von der letzten Reihe.
Du schaust nach vorn, streckst die Ärmchen in die Höhe, als
wolltest Du sagen: „Ja – hier bin ich!" Du hörst schon auf den
Klang Deines Namens. Du erkennst Deinen Namen inmitten
der Vielzahl der Wörter und Sätze.

Auch wenn es in der Geschichte um eine andere Miriam
geht – Jesus Christus ruft auch Dich bei Deinem Namen. Du
gehörst zu IHM. Gestern und heute und immer.

AR

39 Singen

Singt und spielt dem Herrn in eurem Herzen.

Epheser 5,19

Johannes schaltet gerade eine CD mit Kinderliedern von Detlev Jöcker ein, die Ihr beide sehr mögt. Kaum erklingen die ersten Takte des Eingangsliedes „Kleines Wunder, Menschenkind", fängt Dein Mund zu summen und zu singen an und Du bewegst Deinen kleinen Körper ganz rhythmisch im Takt. Man merkt, wie Du ins Schwingen kommst bei den fröhlichen Klängen. Und so singen wir auch oft zu Hause, was Johannes, der ein großer kleiner Sänger ist, immer sehr begeistert. Da beflügelt Ihr Euch gegenseitig.

Im Singen und im Spielen können wir den Alltag zurücklassen, aus uns herausgehen und uns auf Anderes, Neues, Größeres hinbewegen; frei werden, so dass die Seele Flügel bekommt und sich in die Luft schwingt, frei wie ein Adler im Wind.

Es ist eine Freude, singen und spielen zu können. Danke, Gott, für das Singen und Spielen! Uns zur Freude und Dir, Gott, zur Ehre wollen wir in unserem Herzen singen und spielen.

WR

40 Sorgen abgeben

Alle eure Sorge werft auf ihn; denn er sorgt für euch.

1 Petrus 5,7

Du, Miriam, bist neun Monate und Du, Johannes, fünf Jahre alt. Ihr seid beide zu einer Zeit geboren, als ich schon in fortgeschrittenem Lebensalter war. Ich erlebe das als etwas ganz Besonderes, als Glück.

Und doch mischen sich mit der großen Freude über Euch manchmal auch Sorgen: Was wird aus Euch, wenn ich älter werde, meine Kräfte nachlassen, wenn ich krank werde oder einen Unfall habe? Was wird dann sein? Was wird aus Euch, die Ihr noch so klein seid, werden? Ängste und Sorgen bedrängen mich. Dann liege ich nachts wach und ein großer Druck liegt auf meinem Herzen, auf Gemüt und Verstand. Wer soll denn sorgen, wenn ich, Euer Vater, nicht mehr für Euch sorge? Sorgen!

Aber ich lerne diesbezüglich an Euch beiden etwas, das mir sehr hilfreich ist: Ihr lebt aus einer tiefen, unverbrüchlichen Zuversicht, dass Vater und Mutter für Euch sorgen; deswegen könnt Ihr so sorglos und arglos, so unbeschwert Eure Tage, Wochen, Monate leben. Uns Erwachsenen fehlt oft diese Unbefangenheit und Sorglosigkeit.

„Alle eure Sorge werft auf ihn", steht in der Bibel. Oft, nicht immer, spüre ich bis in Geist, Leib und Seele hinein, wie dieser Vers aus einem Brief des Neuen Testaments mich tröstet, ja den Kopf und das Herz frei macht: Es wird gesorgt werden! Ich muss mich nicht verrückt machen, „denn er sorgt für euch"! Welch eine Verheißung in einer oft so perspektivenlosen Zeit. Danke!

WR

41 Das Leben feiern

Die Herrlichkeit des HERRN bleibe ewiglich, der HERR freue sich seiner Werke! Ich will dem HERRN singen mein Leben lang und meinen Gott loben, solange ich bin.

Psalm 104,31.33

Sitzen! Ich kann jetzt sitzen.
Da sehe ich viel mehr!
Ich sitze im Kinderwagen
und mache einen wunderbaren
Maienspaziergang mit Mama.
Ich schaue mit weit offenen Augen
und staunendem Mund.

Ich sehe,
höre,
rieche,
schmecke,
fühle
den herrlichen Tag.

Die Schöpfung jubiliert,
die wogenden Getreidefelder,
die blühenden Kastanien,
die fröhlichen Vogelstimmen ...

Ich lebe, lebe, lebe
und jubiliere mit!

AR

42 Frisches Wasser

Er führet mich zum frischen Wasser.

Psalm 23,2

Es ist ein heißer Tag. Wir schwitzen. Rettender Gedanke: Wir stellen für Euch das Planschbecken auf und füllen es mit frischem Wasser! Johannes kennt das alles schon aus früheren Jahren und freut sich sehr. Aber Miriam kriegt große Augen, als wir das Planschbecken aufpumpen – das ganze kleine Wesen staunt und weiß nicht so recht …

Dann wird frisches Wasser hineingefüllt. Johannes sitzt schwuppdiwupp drin und ist quietschvergnügt. „Ah, ist das schön, ist das herrlich!", sagt er. Miriam ist sich nicht so sicher. Vorsichtig heben wir sie in das Wasser hinein; zuerst berühren die Zehen das Wasser, dann die Beinchen – skeptische, unsichere, ängstliche Blicke. Jetzt sitzt sie richtig drin.

Nach einer kurzen Zeitspanne, in der sie merklich die Luft anhält, setzt die große Entspannung ein, vom Kopf bis zu den Zappelzehen. „Aaah!" Das gefällt ihr! Sie planscht, spritzt und quietscht vor Begeisterung. Wasser, frisches Wasser an einem heißen Sommertag. Welch ein Geschenk, welch eine Wohltat und Erquickung! Wasser des Lebens, Geschenk Gottes. Gott sei Dank, an diesem Sonnentag und vielen anderen Tagen.

Mit Wasser verbinden Menschen vielfältige Gottes- und Christuserfahrungen: Gott führt Menschen zum frischen Wasser (Psalm 23,2); er gießt Wasser auf das Durstige (Jesaja 44,7) und er kann Menschen, weil Wasser auch eine Chaosmacht ist, aus großen Wassern ziehen (Psalm 18,17).

„Wer an mich glaubt", sagt Christus im Johannesevangelium, „von dessen Leib werden Ströme lebendigen Wassers fließen" (Johannes 7,38). Und in der Offenbarung des Johannes heißt es: „Wen dürstet, der komme; und wer da will, der nehme das Wasser des Lebens umsonst." (Offenbarung 22,17)

WR

43 Fliegen

Von allen Seiten umgibst du mich und hältst deine Hand
über mir... Nähme ich Flügel der Morgenröte und bliebe
am äußersten Meer, so würde auch dort deine Hand mich
führen und deine Rechte mich halten.

Psalm 139,5.9.10

Du sitzt in einer Schaukel auf dem Spielplatz. Ich schubse
Dich an, ganz sacht erst, dann etwas kräftiger. Am Anfang
bist Du noch unsicher, angespannt; Deine Händchen umklammern den Rand der Schaukel. Doch schon bald lässt Du Dich
los, gibst Dich einfach der Bewegung hin. Deine Arme und
Beine sind jetzt entspannt ausgebreitet, Dein Köpfchen neigst
Du leicht zurück, Dein Gesicht leuchtet vor Freude.

Du nimmst die Bewegung mit allen Sinnen in Dich auf. Du
schwebst zwischen Himmel und Erde, „fliegst". „Oben" und
„unten", „vor" und „zurück", „langsam" und „schnell" wech-
seln sich rhythmisch ab. Du überlässt Dich der harmonischen
Schwingung. Bei jedem Anschubsen lachst Du Dein dunkles,
kullerndes, ansteckend vergnügtes Lachen. Du bist ganz Freude
und Glück.

Schaukeln. Fliegen. Auch jenseits des Kinderspielplatzes ist
das möglich. Du kannst Dich loslassen. Denn Du bist gehalten von Gott. Du darfst schwingen im Rhythmus des Lebens,
darfst dem Augenblick vertrauen, dem Fluss des Hier und
Jetzt. Du darfst die Freude in Dir tanzen lassen. Deine Seele
darf die Flügel ausbreiten und „fliegen". Denn Gott ist da –
über Dir, unter Dir, um Dich und selbst noch „am äußersten
Meer".

AR

44 Geführt werden

Denn du bist mein Fels und meine Burg, und um deines Namens willen wollest du mich leiten und führen.

Psalm 31,4

Seit einiger Zeit gehst Du zu Hause gern auf Entdeckungs- und Erkundungsreise: In der Küche Topflappen und Plastikgeschirr aus dem Schrank herausräumen, in der Wohnzimmer-Leseecke meine Zeitungen zerrupfen und Lesezeichen aus den Büchern entfernen, in Mutters Arbeitszimmer Papiere durcheinanderbringen und am PC herumdrücken – Manchmal schaffe ich es, Dich da ganz sanft wegzulocken, indem ich Dich intensiv anschaue. Dann reicht ein Satz: „Miriam, das gehört Papa, das gehört Mama!" Häufig akzeptierst Du das allerdings nicht. Dann muss ich eingreifen. Das magst Du gar nicht – und schreist.

So ähnlich scheint mir das auch bei Gott zu sein: Er führt und leitet uns oft so sanft, dass wir es gar nicht merken. Wo wir wohl ohne seine Führung gelandet wären?

Manchmal jedoch reicht die sanfte Führung nicht – wir Menschen sind oft recht bockbeinig – lesen Sie nur einmal den 9. Vers des 32. Psalms! –, wissen gern alles besser und tun im Übrigen das, was wir wollen. Dann steht uns Gott (oder sein Engel) ganz plötzlich massiv wie ein Fels oder eine Burg im Weg. *Halt! Halt ein, bevor es zu spät ist!* – wird mir signalisiert. Und ich lerne, dass Fels und Burg auch ihre positiven Seiten haben; sie sorgen für Schutz, Sicherheit und Geborgenheit.

WR

45 Küssen

Grüßt euch untereinander mit dem Kuss der Liebe.

1 Petrus 5,14

Du bist ein Schmusemädchen. Ob das nun Dein Stoffhase ist, Dein Bärchen, Dein Schmusetuch, Du drückst sie gern an Dein Gesicht, herzt sie, sagst mit Deiner Piepsstimme: „Ei, ei". Oder wenn ich Dir den Stoffball entgegenkullere, dann wirfst Du Dich wie ein Kätzchen auf ihn und drückst ihn ganz fest und liebevoll an Dich. An Deinem Schnurren merkt man, wie gut Dir das tut.

„Kuss, Miriam", sage ich seit einiger Zeit zu Dir. Manchmal sagst Du: „Neee!" und schüttelst Dich. Manchmal jedoch spitzt Du Deinen kleinen Mund zu einer Kuss-Schnute.

Es ist ein Kuss der Liebe zwischen uns, mit dem wir uns grüßen. Wie früher in der ersten Zeit der Christenheit Christen sich untereinander begrüßten. Und wie Menschen, die einander nahe stehen, dies bis heute tun. Ein Kuss der Liebe – Abglanz der Liebe Gottes zu uns Menschen und Zeichen des Friedens.

WR

46 Auf weiten Raum gestellt

HERR, du stellst meine Füße auf weiten Raum.

Psalm 31,9

„Mama, schau, ich stehe!", scheinen Deine strahlenden Augen und Dein hoch zufriedenes Lächeln zu sagen. „Heute ist es mir gelungen! Da staunst du, nicht wahr?"

Breitbeinig stemmst Du Deine Füßchen in die Matratze. Deine kleinen Beine zittern noch ein wenig vor Anstrengung und vor Aufregung. Deine Hände umklammern die Gitterstäbe Deines Bettchens. Stolz und glücklich siehst Du aus angesichts Deines Erfolgs. Seit Wochen hast Du geübt, hast versucht, Dich an unseren Händen, an Stuhlbeinen, an Treppenstufen hochzuziehen. Heute hast Du es zum ersten Mal geschafft, Dich auf Deine Füße zu stellen, ganz allein. Bald wirst Du loslaufen. Ich freue mich mit Dir!

Ich wünsche Dir „weiten Raum" für Deine Füße und für Dein Leben. Ich wünsche Dir, dass Du in den weiten Raum der liebevollen Zuwendung Gottes hineinwandern darfst.

AR

47 Den Weg zum Leben finden

Du tust mir kund den Weg zum Leben: Vor dir ist Freude
die Fülle und Wonne zu deiner Rechten ewiglich.

Psalm 16,11

Ich schaue unserer Miriam staunend zu, wie sie Johannes'
Sesselchen oder ein Wägelchen als Gehhilfe benützt und
begeistert durchs Zimmer schiebt – „Freude die Fülle". Dabei
geht mir eine kleine Begebenheit mit Dir, unserem Johannes,
durch den Sinn, die gut ein Jahr zurückliegt:

Ich schiebe Dich, Johannes, im Kinderwagen, auch mit vier
Jahren noch. Wir kommen an einer Bank vorbei, auf der eine
junge Mutter sitzt. Das Kind, wohl knapp ein Jahr, zieht sich
an der Bank hoch, wippt mit dem kleinen Po, probiert aus, wie
die eigenen Beine und Füße es tragen. Bald wird es loslaufen.

Einen Moment lang nur schaue ich zu. Es tut weh, das zu
sehen und zugleich zu wissen: Deine Beine und Füße werden
Dich nie so selbstverständlich tragen. Du wirst vielleicht nur
mühsam ein paar Schritte gehen können, wirst auf einen Roll-
stuhl und auf viele andere Hilfsmittel angewiesen sein.

Doch dann sehe ich Dich an, sehe das Glück in Deinen
Augen, Deine strahlende, durch nichts zu trübende Lebensfreude. Ich vertraue darauf: Auch Du wanderst hinein in den
weiten Raum Deines Lebens, in den weiten Raum der liebevollen Zuwendung Gottes.

Er „tut Dir kund den Weg zum Leben". Du wirst Deinen
Weg finden, wirst ihn gehen. „Freude die Fülle" ist vor Gott.
Ich glaube, Du spürst diese Freude in Dir.

AR

48 Aufrecht stehen

Du bist meine Ehre und hebst mein Haupt empor.

Psalm 3,4

In Deinen ersten Lebensmonaten lagst Du viel auf dem Rücken, zwischendurch auf dem Bauch. Später hast Du Dich vorwärts bewegt, rutschend und kriechend, ziemlich langsam zuerst und unter großem Geschnaufe – puh, war das anstrengend!

Du hast dabei meistens auf den Boden geblickt; manchmal hast Du Dein Köpfchen neugierig gehoben und erstaunt in Deine kleine Welt geschaut. Seit wenigen Tagen kannst Du stehen. Aufrecht stehen. Ganz allein, sehr breitbeinig zwar, aber immerhin. Und Du bist sooo stolz!!

Aufrechter Gang! Was für ein Entwicklungssprung! Kein Kriechgang mehr. Ich glaube, dass Gott Dich und alle Menschen – seine Töchter und Söhne! – auch so will: Vor ihm musst Du nicht kriechen, Dich nicht ducken oder unterwürfig tun, sondern Du darfst aufrecht stehen.

Ihm ist Deine Ehre wichtig, er ist Deine Ehre. Er sagt nicht bloß: „Kopf hoch, wird schon wieder werden!", sondern er hebt Deinen Kopf hoch. Es ist uns wichtig, Dich davon etwas spüren zu lassen.

WR

49 Angesehen werden

Der HERR lasse sein Angesicht leuchten über dir und sei dir gnädig.

4 Mose 6,25

Papa sitzt am Wohnzimmertisch und arbeitet. Du stehst in Deinem Ställchen, schräg hinter ihm. Du spürst wohl, Du sollst nicht stören. Du bist ganz still und schaust – schaust auf Papas Rücken, auf seinen Kopf – schaust so lange und so intensiv, bis er sich endlich umdreht und Dich ansieht und anlächelt.

Das ist der Moment, den Du ersehnt hast. Du strahlst Papa an, legst den Kopf schief, rufst ihm ein zartes, helles, glückseliges „Aaaah!" zu. Du kannst gar nicht genug bekommen von diesem Spiel. Angesehen werden möchtest Du vom Papa. Sein lächelndes, Dir freundlich zugewandtes Gesicht möchtest Du sehen. Das beglückt Dich, und die Freundlichkeit spiegelt sich auf Deinem Gesicht wider, lässt es aufleuchten.

So möge Gottes Angesicht Dir freundlich zugewandt sein in Deinem Leben. Und möge Gottes Freundlichkeit sich widerspiegeln in Deinem Gesicht und in Deinem Herzen.

AR

Der HERR segne dich und behüte dich;
der HERR lasse sein Angesicht leuchten über dir
und sei dir gnädig;
der HERR erhebe sein Angesicht auf dich
und gebe dir Frieden.

50 Wunder

Ich danke dir dafür, dass ich wunderbar gemacht bin;
wunderbar sind deine Werke; das erkennt meine Seele.

Psalm 139,14

Da stehst Du nun, knapp ein Jahr alt, vor mir, schon aufrecht, wenn auch noch mit wackeligen Beinen. Und alles
ist an Dir dran, was Du zum Leben brauchst! Dunkle Augen,
die lachen und weinen können, Ohren, mit denen Du fast alles
mitbekommst, eine Stupsnase zum Riechen und Atmen, ein
kleiner Mund, in den Du alles Mögliche hineinsteckst und pro-
bierst, eine Stimme von tief bis ganz hell, Ärmchen, Händchen,
Beine, Füße und Zappelzehen, die allesamt fast immer in Bewegung sind.

Alles da und alles funktioniert! „Na und? Warum denn nicht,
ist doch ganz normal, nichts Besonderes, oder?", sagt jemand.
Mag sein. Und doch bist Du für mich, gleichsam in einem
zweiten Blick, ein einziges kleines großes Wunder: Geschöpf
und Geschenk Gottes, der dich „wunderbar gemacht" hat.

Die Alten vor und um uns wussten und wissen um diese
Dimension, diesen zweiten Blick über das Vordergründige hin-
aus, so wie ihn der Psalmbeter in Worte fasst: „Ich danke Dir
dafür, dass ich wunderbar gemacht bin; wunderbar sind Deine
Werke, das erkennt meine Seele." Vielleicht kannst Du später
in diesen Dank und in diese Sicht der Seele einstimmen.

WR

51 Von Engeln umgeben

Der Engel des Herrn lagert sich um die her, die ihn fürchten, und hilft ihnen heraus.

Psalm 34,8

Seit einigen Tagen schläfst Du am Abend schlecht ein; Du weinst und schreist, als hättest Du Angst vor der Dunkelheit der hereinbrechenden Nacht. Dann singt Dir Deine Mutter das Abendlied „Guten Abend, gute Nacht" vor, in dessen zweiter Strophe es so schön heißt: „von Englein bewacht ...". Allmählich weichen Anspannung und Angst von Dir. Du wirst ruhiger und schläfst ein.

Engel? Das aus dem Altgriechischen stammende Wort Engel bedeutet im Deutschen so viel wie „Bote". Und solche Boten, Boten von Gott, können Dir Vater und Mutter, Großeltern, Paten, oft ganz unerwartete Menschen werden, aber vielleicht auch ganz andere himmlische Mächte und Kräfte, auf die wir wenig Einfluss haben.

Himmlische Mächte? Unser Verstand bestreitet das oft. Aber was weiß er letztlich von solchen Dingen? In dem Abendlied „Der Mond ist aufgegangen" von Matthias Claudius heißt es in der dritten Strophe: „So sind wohl manche Sachen, die wir getrost belachen, weil unsre Augen sie nicht sehn."

Was alles sehen wir nicht und es existiert doch! Denn es gibt „mehr Dinge zwischen Himmel und Erde, als sich unsere Schulweisheit träumen lässt", schrieb einst William Shakespeare.

Für mich ist es eine unendlich wertvolle Vorstellung, ja Lebenshilfe, dass andere Schutz- und Segensmächte über Deinem Leben stehen und erstrahlen. Ich nenne sie Engel. Schutzengel. Und ich glaube, dass sie „fliegen" und uns „beflügeln" können, weil sie sich selbst nicht so schwer und ernst, sondern leicht nehmen.

Das, liebes Kind, will ich Dir aus meiner Lebenserfahrung mitgeben. Jetzt, wo Du klein bist, können wir Dich meistens beschützen. Aber es werden Stunden und Tage kommen – und sie sind gar nicht fern –, in denen wir uns nicht schützend vor und um Dich stellen können. Ich wünsche Dir, dass Dein Schutzengel Dir dann so nahe ist, dass Du ihn spüren kannst.

WR

52 Ins Leben wandern

Befiehl dem HERRN deine Wege und hoffe auf ihn, er wird's wohlmachen.

Psalm 37,5

Wieder wird das Getreide langsam reif. Wir sind wieder miteinander draußen unterwegs. Letztes Jahr um diese Zeit habe ich Dich noch in mir getragen. Ich habe Dich in mir gefühlt, habe die Zukunft in mir geahnt, gespürt – Deine und meine. Du bist in mir gewachsen, bist ganz aus mir, aus uns geworden. Und doch bist Du ein neuer, ein eigener Mensch – von Gott gewollt, von Gott ins Leben gerufen, nach seinem Bild geschaffen.

Jetzt läufst Du die ersten Schrittchen auf Deinen eigenen Füßen – Deine ersten eigenen Schritte auf Deinem Weg ins Leben hinein. Noch suchst Du, noch brauchst Du Halt an meiner Hand. Doch die Richtung möchtest Du gern schon selbst bestimmen.

Du wirst Deinen eigenen Weg gehen. Und Du darfst diesen Deinen Weg Gott anvertrauen. Vertrau darauf: „Gott selbst kommt Dir entgegen. Die Zukunft ist sein Land."

AR

Vertraut den neuen Wegen
und wandert in die Zeit!
Gott will, dass ihr ein Segen
für seine Erde seid.
Der uns in frühen Zeiten
das Leben eingehaucht,
der wird uns dahin leiten,
wo er uns will und braucht.

Vertraut den neuen Wegen,
auf die uns Gott gesandt!
Er selbst kommt uns entgegen.
Die Zukunft ist sein Land.
Wer aufbricht, der kann hoffen
in Zeit und Ewigkeit.
Die Tore stehen offen.
Das Land ist hell und weit.

EG 395,1-3 – Klaus Peter Hertzsch